सरल गी

अवधेश बिहारी माथुर

डायमंड बुक्स

© लेखकाधीन

प्रकाशक : डायमंड पॉकेट बुक्स (प्रा.) लि.
X-30, ओखला इंडस्ट्रियल एरिया, फेज-II
नई दिल्ली-110020
फोन : 011-40712200
ई-मेल : sales@dpb.in
वेबसाइट : www.diamondbook.in

SARAL GEETA SAAR

BY : AVDHESH BIHARI MATHUR

समर्पण

अपनी माताजी
स्वर्गीय श्रीमती कुन्ती देवी
माथुर के सादर चरण-कमलों
में समर्पित

दो शब्द

ईश्वर ने जब इस संसार की रचना की तो इसमें अनेक वस्तुओं का समावेश कर डाला। इसमें कहीं तो प्रकृति का अद्भुत सौन्दर्य है तो कहीं विविधताओं की कलाएं। कहीं जीवन का आनंद है तो कहीं दुख के भंवर। कहीं ज्ञान की गम्भीरता है तो कहीं भावुकता की कोमल भावनाएं। ऐसी अद्भुत सृष्टि रचना के बारे में जितना भी जानें उतना कम है। ज्ञान एक ऐसा ही सागर है जिसके अंतर में अनेकों सीप हैं जो अपने अंदर अति सुंदर मोती संजोये हुए हैं। ऐसा ही एक मोती है गीता-ज्ञान जिसके विषय में कुछ अपने विचार प्रस्तुत करने का प्रयत्न इस पुस्तक में किया गया है। गीता पर अनेकों ग्रंथ लिखे गये हैं और जितना भी इस पर प्रकाश डाला जाये कम है।

गीता अपने आप में ऐसा शास्त्र है कि जिसका ठीक प्रकार से अध्ययन किया जाये तो किसी और ग्रन्थ को पढ़ने की ज़रूरत नहीं है।

गीता सुगीता कर्तव्या किमन्य शास्त्र संग्रहः।
या स्वयं पद्मनाभस्य मुखपद्माद्विनि सृता।।

गीता एक धार्मिक ग्रन्थ कम अपितु हमें एक अनुशासित जीवन-पद्धति का ज्ञान देने वाला ग्रन्थ अधिक है। यह हमें हमारे आध्यात्मिक विचारों को उन्नत करने में व एक स्वस्थ आचरण की जीवन शैली पर चलने में मदद देती है। हमारे जीवन का शायद ही कोई पहलू हो जिसको सुलझाने में व दिशा दिखलाने में गीता सहायक न हो। यही कारण है कि विश्व में सभी समुदायों के विद्वानों ने गीता पर अपने विचार रखे हैं व उसके गूढ़ अर्थ को जो कि हमें अपने दैनिक जीवन को संचालित करने में मदद करता है, अपने -अपने तरीके से प्रस्तुत किया है। इसीलिए गीता किसी ख़ास धर्म या जाति से जुड़ी हुई नहीं है बल्कि मानव कल्याण का एक सार्वजनिक ग्रन्थ है जो कि हर प्राणी को,चाहे वह किसी भी धर्म को मानने वाला हो, इस जगत में स्वस्थ जीवन निर्वाह की प्रेरणा देता है।

गीता में भगवान ने स्वयं कहा है कि मनुष्य को कभी भी अंत तक स्वधर्म नहीं छोड़ना चाहिये, चाहे दूसरा धर्म अपने धर्म के मुकाबले में कितना ही अच्छा लगता हो इसलिए गीता को किसी धर्म या जाति से जोड़ना गलत है।

आजकल की शिक्षा पद्धति में इतना अधिक बदलाव व बोझ है कि जिसके कारण इन आध्यात्मिक विषयों की ओर अधिकतर ध्यान नहीं जाता। भाषा के प्रयोग का स्तर भी आम तौर पर बहुत हल्का हो गया है। आजकल टेलीविजन व बालीवुड के ज़माने में भाषा भी बहुत सस्ती व निम्न स्तर की हो गई है। यह एक ख़ास कारण है कि अधिकतर लोग यदि गीता के श्लोकों का अध्ययन शुरु भी करते हैं तो भाषा की कठिनता के कारण थोड़ा बहुत पढ़कर ही छोड़ देते हैं। इसलिये इस पुस्तक को गीता-सारांश के रूप में अधिकतर भगवान श्री कृष्ण के द्वारा कही गयी वाणी को ही सरल भाषा में सारांश में कहा गया है। इसके प्रस्तुतिकरण को अध्यायों के अनुसार न लेकर, इस जगत की स्थापना व सृष्टि रचना को गीता के विभिन्न श्लोकों के माध्यम से शुरु किया है। यह सर्वथा भिन्न प्रयास है। आशा है कि पाठकों को पसंद आयेगा।

इस पुस्तक को इस रूप में प्रस्तुत करने में मेरी पत्नी श्रीमती शोभा ने भी अपने विचार दे कर व विभिन्न विषयों को व्यवस्थित कर अधिक सहयोग दिया है।

यस्माद्धर्म मयी गीता, सर्वज्ञान प्रयोम्जिका।
सर्वशस्त्रमयी गीता, तस्माद गीता विशिष्यते।।

ए.बी.माथुर

फरीदाबाद
10.08.2014

विषय – सूची

सृष्टि रचना

इस भौतिक संसार में रहते हुए अक्सर हमारे मन में यह ख्याल आता है कि यह दुनिया क्या है? इसकी उत्पत्ति कब और कैसे हुई? जीव की सरंचना का होना और उसका इस प्राकृतिक संसार में उत्पन्न हो कर अलग अलग अवस्थाओं से गुज़रना व अंत में एक दिन निर्जीव हो जाना एक अलौकिक घटना लगती है। ये सब घटनाएं हमें एक काल्पनिक शक्ति के होने का अहसास कराती हैं, जो कि एक नियामक के रूप में इस संसार का संचालन कर रही है। इसी शक्ति को मनुष्य ने परमेश्वर माना है। प्राणी (मनुष्य) ने अदृश्य रूप में परमेश्वर की उपस्थिति का एहसास किया है। लेकिन सवाल यह उठता है कि यह शक्ति जिसके आगे देवता लोग भी नतमस्तक हुए हैं और उन्होंने भी इस शक्ति की आराधना की है, वह कहां से आई? और संसार की सरंचना कैसे हुई?

इन सब का जवाब भगवान श्री कृष्ण ने अर्जुन के माध्यम से गीता में दिया है।भगवान श्री कृष्ण ने कहा कि मेरे प्रकट होने को महर्षि और देवतागण भी नहीं जानते हैं क्योंकि मैं ही उन देवताओं व महर्षियों का आदिकारण हूँ। मैंने ही संसार की रचना के लिये उन्हें प्रस्तुत किया है। मेरा होना एक प्राकृतिक लीला है।

इस संपूर्ण जगत की रचना मेरे ही द्वारा हुई है। मैं ही सारे जगत की वजह हूँ मुझसे ही यह भौतिक जगत उत्पन्न हुआ है। सभी ज्ञानी पुरुष यह जानते हैं और इसलिए मेरी आराधना करते हैं।

मैं (ब्रह्म) एक ही हूँ और अविभक्त हूँ लेकिन अविभक्त हो कर भी अलग अलग बांटा हुआ विभक्त मालूम होता हूँ। बह्म ही आद्य-शक्ति है और शक्ति ही ब्रह्म है। इसलिए मैं अलग अलग रूप में भी जाना जाता हूं। जब रुद्र रूप में हैं संहार कर्ता हैं। जब शांत हैं तब ब्रह्म हैं, जब सृष्टि रचना करते हैं व प्रलय (संहार) करते हैं तब शक्ति हैं, ब्रह्म ही पालनकर्ता हैं। इस प्रकृति की

रचना उन्होंने पंचमहाभूत (पृथ्वी, जल, वायु, आकाश, अग्नि),मन, बुद्धि व अहंकार के संयोग से की है।

जीव और प्रकृति सभी अनादि है। उनमें जो गुण और अवगुण है, से सभी इस त्रिगुणी प्रकृति की वजह से हैं। इस प्रकृति में तीनों प्रकार के गुण मौजूद हैं जो कि जीवों में आते हैं।

जीव का बंधन इस प्रकृति के द्वारा होता है। यह जो भौतिक संसार है वह जड़ प्रकृति है जिसे अपरा प्रकृति भी कहते है। दूसरी इससे श्रेज्ठ चेतन प्रकृति है जिसको परा प्रकृति कहा जाता है। यह परा प्रकृति चेतना देती है जो कि किसी भी जीव का आधार है (इस परा प्रकृति व चेतना के कारण मन और बुद्धि की मदद से जीव का और अन्ततः जगत का विकास होता है)

श्री कृष्ण कहते हैं कि मैं योग-माया की वजह से सबको दिखाई नहीं देता व ढ़का रहता हूँ। आम मूढ़ मनुष्य (इस शरीर की इच्छाओं और द्वेष में लिप्त हो जाने के कारण) मुझे नहीं जान पाते। मैं अजन्मा हूँ।

श्री कृष्ण ने कहा- हे अर्जुन! यह प्रकृति सब जीवों का गर्भस्थान है। उसमें मैं बीज स्थापित करता हूँ, जिससे कि सब प्राणियों का जन्म संभव होता है। इन सब योनियों में जो मुर्तियाँ अर्थात शरीर उत्पन्न होते हैं, प्रकृति उनकी माता स्वरूप है और मैं बीजप्रद (पिता) अर्थात सृष्टि रचयिता हूँ। मैं ही सारे संसार की उत्पत्ति का कारण हूँ। सप्त महर्षि (मरीचि, अंगिरा, अत्रि, पुलस्य, पुलह, कृतु और वशिष्ठ) मेरे द्वारा ही रचे गये हैं। संसार इन्हीं से उत्पन्न है। इन्हीं की प्रजा है। ज्ञानी लोग भी ऐसा जानते हैं। इसलिए मुझे श्रद्धा से भजते हैं।

अपरा प्रकृति में उत्पन्न प्रत्येक भौतिक रचना की छह (6) मुख्य अवस्थाएँ होती हैं। हर अवस्था में उनका रूपांतर होता है। अपरा प्रकृति के नाशवान तत्व-1. पहले पैदा होते हैं, 2. फिर उनकी वृद्धि होती है व विकास होता है और 3. वे संसार में रहकर कर्म करते हैं। 4. फिर अपनी शक्ति से नयी पौध उत्पन्न करते हैं। 5. उसके बाद उनकी शक्ति क्षीण होने लगती है व 6. अन्ततः उसका विनाश होता है।

क्षेत्र-क्षेत्रज्ञ

श्री कृष्ण ने अर्जुन से कहा- हे कौन्तेय! यह मनुष्य शरीर 'क्षेत्र' के नाम से जाना जाता है। जो इस क्षेत्र को तत्त्व से जानता है उसे 'क्षेत्रज्ञ' कहते हैं जो कि जीव-आत्मा हैं उस जीव आत्मा को मुझे ही समझ। क्षेत्र और क्षेत्रज्ञ के भेद को व इस ज्ञान को जानना ही असली ज्ञान है। अर्थात क्षेत्र-क्षेत्रज्ञ को व प्राणी को तत्त्व से जानना ही यर्थाथ ज्ञान है।

इस क्षेत्र (प्राणी देह) में जो (पर पुरुष) क्षेत्रज्ञ अर्थात आत्मा है वह परमात्मा- स्वरूप ही है। वह ही साक्षी है। साक्षी होने के कारण 'उपदृष्टा' दिशा दिखलाने वाला होने के कारण 'अनुमेता', पालन-पोषण करने वाला होने के कारण 'भर्ता' कहते हैं। जीव रूप में होने के कारण उन्हें कष्ट भी भोगने पड़ते हैं, इसलिये उन्हें 'भोक्ता' भी कहा गया है। सब देवताओं के आदिकारण होने की वजह से व अन्तत: उनके स्वामी होने के कारण 'महेश्वर' और सच्चिदानंद होने के कारण 'परमेश्वर' कहा गया है।

जो लोग क्षेत्र और क्षेत्रज्ञ के भेद को अर्थात प्रकृति, प्राणी व परमात्मा के भेद को गुणों सहित जान लेते हैं, वे इस संसार में रहकर भी पुनर्जन्म को प्राप्त नहीं होते।

श्री कृष्ण ने अर्जुन से कहा- हे अर्जुन! जिस तरह सूर्य सारे संसार को प्रकाशित करता है उसी तरह देह में स्थित आत्मा (क्षेत्रज्ञ) पूरे शरीर (क्षेत्र) को प्रकाशित करती है। अर्थात यह आत्मा ही है जिसके कारण प्राणी के मन में बुद्धि की मदद से अलग अलग तरह के विचार अपने अंदर आते हैं जो कि मनुष्य को किसी भी कार्य अथवा कर्म में लगने के लिए बाध्य करते हैं। अर्थात हमारे इस शरीर की (क्षेत्र) संचालक हमारी आत्मा (क्षेत्रज्ञ) ही है।

इंद्रियां, पंचमहाभूत, अहंकार व बुद्धि जिनके कारण हमारे अंदर इच्छा, सुख-दुख:, द्वेष, दुर्बलता और धैर्य का आभास होता है वे सब इस 'क्षेत्र' के अधिकार में हैं। इस भौतिक संसार में इन सब प्रकृतिक कारणों का असर हमारे

शरीर पर पड़ता है जो कि 'क्षेत्र' के नाम से जाना जाता है। क्षेत्र का स्वरुप इन प्रकृतियों के समूह से बना है। क्षेत्र की सरंचना प्रकृति के 24 तत्त्वों से हुई है।

आत्म–संयम, अहिंसा, सरलता, क्षमा, अनाशक्ति, समभाव, आत्मज्ञान होना, स्थितप्रज्ञ अवस्था प्राप्त करना 'क्षेत्रज्ञ' के लक्षण हैं। क्षेत्रज्ञ परमात्मा/ आत्मा स्वरूप है जो सब इंद्रियों के होने का मूल कारण है लेकिन फिर भी वह स्वयं इंद्रियों से रहित है। वह अविभक्त होते हुए भी विभक्त मालूम होता है। जितने भी प्राकृतिक गुण हैं वे उन्हीं के कारण हैं लेकिन आत्मा/ परमात्मा स्वयं उन गुणों से परे है।

आत्मा

आत्मा परमात्मा स्वरूप है। जीव-आत्मा जब मनुष्य देह में होती है तब उसे बालपन, जवानी और बुढ़ापे की अवस्थाओं से गुजरना पड़ता है और उसके बाद अर्थात मृत्यु के बाद जीव-आत्मा को दूसरे शरीर की प्राप्ति होती है। दूसरे शरीर की प्राप्ति भी अलग अलग अवस्थाओं से आत्मा की एक यात्रा ही है। इसलिए ज्ञानी पुरुष जीव-आत्मा के देह बदलने अर्थात देहांतर के कारण न ही शोक करते हैं और न ही मोहित होते हैं, क्योंकि आत्मा अविनाशी है।

जिस तरह मनुष्य पुराने वस्त्रों को छोड़ नये वस्त्र धारण करता है, उसी तरह यह जीव आत्मा पुराने शरीर को छोड़कर नया शरीर धारण करती है।

आत्मा को शब्दों से व्यक्त करना मुमकिन नहीं है। न ही इसके बारे में चिंतन किया जा सकता है, यह विकार रहित है। इसलिए इसके लिये शोक करना गलत है।

हे अर्जुन! जिस तरह वायु फूलों से गंध इधर से उधर ले जाती है और फूल उसी जगह रहते हैं, उसी प्रकार जीव-आत्मा जिस शरीर का त्याग करती है उससे दूसरे शरीर में जाते समय मन और इंद्रियों को भी साथ ले जाती है और शरीर पड़ा रह जाता है। (इसलिये इन शरीरों के लिये तुम शोक मत करो और धर्मयुद्ध करो)

असत् (परिवर्तनशील) वस्तु (शरीर) का कोई अस्तित्व नहीं है क्योंकि विनाश शील है। सत् वस्तु का कोई अभाव नहीं है। ज्ञानी लोग इस तत्त्व को जानते हैं। (इस भौतिक संसार में सत् वस्तु अगर कोई है जिसे मान सकते हैं तो वह आत्मा ही है।)

आत्मा अजन्मी है। न ही जन्मती है, न ही मरती है। देह के अंत होने पर आत्मा का अंत नहीं होता। आत्मा नित्य है, सनातन है।

शास्त्र आत्मा को काट नहीं सकते, अग्नि जला नहीं सकती,जल गीला नहीं कर सकता तथा वायु सुखा नहीं सकती।

आम मनुष्य अपनी देह को बहुत चाहता है व श्रेष्ठ मानता है लेकिन मनुष्य देह से श्रेष्ठ इंद्रियां हैं। इंद्रियों से श्रेष्ठ मन है, मन से श्रेष्ठ बुद्धि है, बुद्धि से श्रेष्ठ आत्मा है। कहने का अर्थ है कि इंद्रियां मनुष्य देह को क्रियाशील करती हैं। इस भौतिक जगत में रहते हुए मनुष्य के मन में कोई भाव बुद्धि की मदद से आता है और वह कार्य करता है। लेकिन इन सब क्रिया-कलापों को आत्मा ही नियंत्रित करती है। इसलिए आत्मा ही श्रेष्ठतम है।

भगवान श्री कृष्ण कहते हैं कि अल्प बुद्धि की वजह से प्राणी आत्मा को ही कर्म करने वाला मान लेता है, जबकि आत्मा का कर्मों से कोई संबंध नहीं है क्योंकि आत्मा निर्विकार और अकर्ता है। मनुष्य अल्प बुद्धि व भ्रांति के कारण आत्मा का असली यथार्थ रूप नहीं पहचान पाता।

त्रिगुण-प्रकृति

श्री कृष्ण ने कहा- हे अर्जुन! जीवात्मा जब शरीर में आती है तब प्रकृति के तीनों गुणों सहित आती हैं। प्रकृति के तीनों गुण उसमें साथ रहते हैं (सत्, रज व तम्) तथा जीव को बांध लेते हैं।

मनुष्य की इंद्रियां व मन उसके संस्कार व संगत के असर से अधिक प्रभावित होते हैं। अच्छी संगत व संस्कारों से मनुष्य में सतगुण आते हैं। जिसके मन व इंद्रियों पर सांसारिक वातावरण का असर अधिक होता है वे सांसारिक भोग आदि में पड़ जाते हैं। ऐसे लोगों में राजसिक गुणों की प्रधानता होती है। जो लोग छल कपट व हिंसा जैसे कुकर्मों में लग जाते हैं उनमें तामसी गुण आते हैं।

हे अर्जुन! सतगुण जीव को ज्ञान व सुख में लगाता है। रजोगुण लोभ, लालच व सुख में लगाता है। तमोगुण ज्ञान को नष्ट कर भ्रम, लापरवाही, प्रमाद व कुकर्म में लगाता है।

रजोगुण तृष्णा और आसक्ति से उत्पन्न होता है। तृष्णा का अर्थ है अप्राप्त वस्तु की चाह करना। जब कोई वस्तु प्राप्त हो जाती है तब मनुष्य का उसके प्रति आसक्त हो जाना आम बात है। इसलिए रजोगुण मनुष्य को कर्मों में लगाता है। अधिकतर मनुष्य धन व अन्य भोग की वस्तुओं को पाने की लालसा में कार्यरत रहता है जो कि उसके अंदर के रजोगुण के कारण ही मनुष्य विभिन्न कर्मों में लगा रहता है व सही रास्ते से भटक जाता है।

तमोगुण अज्ञान, अभिमान व अंहकार से उत्पन्न होता है। यह प्राणी को आलस, प्रमाद, निद्रा व विनाश की ओर ले जाता है। सांसारिक सुविधाओं आदि को पाने के लिए जब मनुष्य अव्यवहारिक तरीकों को अपनाकर हिंसा, बल के द्वारा प्राप्त करने लगता है तब वह तमोगुण को दर्शाता है जो कि मनुष्य के विनाश का कारण बनता है।

सतगुण मनुष्य को आध्यात्म, ज्ञान, निस्वार्थ, निष्काम सेवा तथा भगवान

की ओर ले जाता है। यह सुख, शांति व आत्म बोध प्रदान करता है जिससे कि मोक्ष प्राप्त होता है।

मनुष्य के संस्कारों के हिसाब से इन तीनों गुणों में से कोई एक गुण प्रबल हो जाता है तथा मनुष्य उसी गुण के अनुसार अपनी सोच व बुद्धि की मदद से उसके अनुसार कार्य करने लगता है। उसकी इच्छा शक्ति उसी तरह सात्विक, राजसिक या तामसिक रूप में प्रबल हो जाती है।

श्री कृष्ण ने कहा – जब ज्ञानी मनुष्य यह समझने लगता है कि सांसारिक कार्य इन्हीं तीन गुणों से उत्पन्न होते हैं तब वे ज्ञानी पुरुष आध्यात्म की ओर जाने के लिये व ब्रह्म को समझने के लिये, इन तीनों गुणों से ऊपर उठने लगता है। वे ज्ञानी इन तीनों गुणों से ऊपर उठ कर इंद्रियों को संयत कर मुझे जब तत्त्व से जानने लगते हैं, तब वे मेरे ब्रह्म भाव को अर्थात 'त्रिगुणातीत' अवस्था को प्राप्त करते हैं।

जो योगी 'त्रिगुणातीत' अवस्था को प्राप्त करते हैं, वे मन व बुद्धि से संयम बरतते हुए सुख व दुख, प्रिय-अप्रिय, निंदा-प्रंशसा, मान-अपमान में भी शांत, धीर व समभाव से समान रूप में रहते हैं। वे इन सब विषयों को ध्यान न देते हुए भगवद-भक्ति में लगे रहते हैं। उनकी 'स्थितप्रज्ञ' अवस्था उन्हें विचलित नहीं होने देती।

विषाद योग

धृतराष्ट्र ने संजय से पूछा कि धर्म-क्षेत्र, धर्म भूमि कुरुक्षेत्र में युद्ध करने की इच्छा से इकट्ठा हो कर पाण्डव पुत्रों व मेरे पुत्रों ने क्या किया?

धृतराष्ट्र के पूछने पर संजय धृतराष्ट्र को आंखों देखा वृतांत सुनाते रहे। प्रारंभ में संजय ने धृतराष्ट्र को बताया कि धर्मक्षेत्र कुरुक्षेत्र के युद्ध स्थल में अर्जुन ने अपने गुरुजन व सगे संबंधियों को देख कर युद्ध न करने और संबंधियों को मार कर पाप का भागी न बनने की सोच कर अपना गाण्डीव धनुष नीचे रख दिया। अर्जुन ने कहा कि इन सबको मार कर राज्य करने से और पाप का भागी बनने से भीख मांग कर निर्वाह करना बेहतर होगा। अर्जुन ने कहा कि इन सब संबंधियों को मार कर मुझे कोई सुख नहीं मिलेगा और यह कह कर अपना धनुष रख दिया। अर्जुन सांसारिक मोहजाल में फंस चुके थे।

तब श्री कृष्ण ने अर्जुन को उपदेश दे कर समझाया - कि तुम शोक करने के अयोग्य अधर्मी लोगों के लिये शोक कर रहे हो और पंडितों की सी भाषा बोल रहे हो। ज्ञानीजन जीवित या मरे हुए लोगों के लिये कभी शोक नहीं करते। (क्योंकि आत्मा तो नित्य है, अमर है और उसके लिये शोक करना अनुचित है) उन्होंने कहा कि तुम क्षत्रिय हो और तुम यदि युद्ध न भी करना चाहो तो तुम्हारा क्षत्रिय धर्म, अधर्म के खिलाफ युद्ध करने के लिए तुम्हें मजबूर करेगा। यदि तुम अधर्म के ख़िलाफ युद्ध नहीं करोगे तो अपने धर्म और यश को खो कर पाप के भागी बनोगे और अपयश प्राप्त करोगे। यदि तुम मारे भी गये तो यश प्राप्त करोगे और जीत गये तो समृद्धि और राज्य भोगोगे।

श्री कृष्ण ने कहा - मैं काल हूं। लोक संहार के लिये भी आया हूं। हे अर्जुन! तू युद्ध करे या न करे फिर भी इन सब योद्धाओं का अंत होना ही है इसलिये तुम धर्म युद्ध करो और यश प्राप्त करो। मैंने इन सबको पहले ही निहित (मरा हुआ) समझा हुआ हैं तुम तो सिर्फ निमित्त मात्र हो, एक ज़रिया हो। इसलिये विजयी हो, सम्मान प्राप्त कर राज भोगो।

सांख्य योग

श्री कृष्ण ने अर्जुन से कहा – कल्याण मार्ग के लिये इस संसार लोक में दो प्रकार की निष्ठा (साधना की शास्त्र विधि) कही है –

1. सांख्य योग के द्वारा
2. निष्काम कर्म-योग के द्वारा

सांख्य शब्द का अर्थ है 'ज्ञान'। योग परमात्मा को जानने व पाने के लिये शास्त्र विधि अनुसार की जाने वाली क्रिया है।

सिद्ध पुरुष शास्त्र विधि द्वारा प्राप्त किये गये आध्यात्मिक ज्ञान व साधना के द्वारा भगवान के स्वरूप को जानने लगते हैं। अपने मन व बुद्धि द्वारा परमात्मा से एकता अनुभव करने लगते हैं। सांख्य योग में मनुष्य विरक्त हो जाता हैं सब तरह की सांसारिक चाह खत्म हो जाती है। ज्ञानी योगी को जो कुछ प्रतीत होता है वह ब्रह्म स्वरूप ही होता है। उसके लिये परमात्मा से अलग कुछ भी नहीं है। उसका संबंध सिर्फ परमात्मा से रहता है। यह सब ज्ञानी पुरुष शास्त्रानुसार अपने अर्जित ज्ञान द्वारा ही पाते हैं। ज्ञानी लोग मन, बुद्धि व इन्द्रियों को नियंत्रित कर अपने को संयत रख व संसार से विरक्त होकर भी संतुष्ट रहते हैं। इस तरह वे 'स्थितप्रज्ञ' अवस्था को प्राप्त करते हैं व इसी अवस्था में रहते हैं। चंचल इन्द्रियों के होते हुए कोई 'स्थितप्रज्ञ' अवस्था प्राप्त नहीं कर सकता।

जिस तरह कछुआ सभी अंगों को बाहरी दुनिया से समेट कर अंदर सिकोड़ लेता है और संतुष्ट रहता है, उसी तरह –स्थितप्रज्ञ' योगी भी सांसारिक विषयों से हट कर ब्रह्म में संतुष्ट रहते हैं।

अपने विवेक को, मन व बुद्धि को ब्रह्म में अर्पित कर देना व 'ब्रह्मभूत' बन जाना ही सांख्य योग की क्रिया है।

जिस पल में सब लोग सोते रहते हैं उस पल में संयमी पुरुष चेतन रहते हैं। जिस पल में सब लोग जागते हैं उस पल में ज्ञानी पुरुष सोते हैं। अर्थात जिन सांसारिक बातों में लोग लगे रहते हैं, संयमी लोग उस ओर ध्यान नहीं देते तथा जिन आध्यात्मिक विषयों की ओर आम लोग ध्यान नहीं देते उस तरफ़ ज्ञानी लोग ध्यान लगा कर मोक्ष को प्राप्त करते हैं।

जिस तरह सारी नदियों का जल समुद्र में जा कर समा जाता है और समुद्र पर कोई असर नहीं होता और वह शांत रहता है, उसी तरह 'स्थित प्रज्ञ' लोग भी सभी सांसारिक विषयों को अपने में समा लेते हैं और विचलित नहीं होते और शांत रहते हैं। सांसारिक विषय व चिंताएं उनको विचलित नहीं करतीं। जो कामी पुरुष सांसारिक भोग की कामना करते हैं, उन्हें शांति प्राप्त नहीं होती।

श्री कृष्ण कहते हैं कि-मैं योग माया की वजह से सबको दिखाई नहीं देता व ढका रहता हूं। आम मूढ़ मनुष्य इस शरीर की इच्छाओं और द्वेष में लिप्त हो जाने के कारण मुझे नहीं जान पाते। मैं अजन्मा हूं।

जब जब धर्म की हानि होती है और अधर्म की वृद्धि होती है, तब तब धर्म की और साधु पुरुषों की रक्षा के लिए और धर्म की स्थापना के लिए व दुष्टों के विनाश के लिए मैं प्रकट होता हूं।

किसी भी विषय को सोचते रहने से उस विषय के बारे में आसक्ति पैदा होती है। आसक्ति से इच्छा, कामना पैदा होती है और उस वस्तु विषय को मनुष्य ग्रहण करना चाहता है। कामना का अर्थ है काम। काम से क्रोध पैदा होता है, क्रोध से मोह उत्पन्न होता है, मोह में पड़कर बुद्धि भ्रष्ट होने लगती है जिसके कारण मनुष्य का पतन होता है। मनुष्य का पतन इन्द्रियों के द्वारा सांसारिक विषयों को सोचने से होता है। अत: इन्द्रियों को संयम में रखना बहुत जरूरी है।

जो अपने मन पर संयम नहीं रख पाते उनमें सोचने व आत्म-चिंतन की शक्ति नहीं होती व आत्मज्ञान की कमी होती हैं जिस व्यक्ति में आत्मज्ञान नहीं होता उसमें बुद्धि (प्रज्ञा) नहीं होती। बुद्धिहीन व्यक्ति में भावना व विचारों की कमी होती है। ऐसा व्यक्ति सही दिशा में नहीं सोच पाता और न ही आत्मचिंतन कर पाता है, जिस वजह से उसे शांति नहीं मिलती। जिसका मन अशांत हो उसे सुख की प्राप्ति नहीं होती।

श्री कृष्ण ने कहा- मैं ही ब्रह्म स्वरूप हूं। मैं ही ब्रह्म की प्रतिष्ठा हूं। मैं ही एकांतिक सुख का आश्रय हूं। मैं और ब्रह्म एक ही हैं। जो ब्रह्म की प्राप्ति

है वही मेरी प्राप्ति है। ब्रह्म-प्राप्ति का जो एकांतिक सुख है, वह मेरे ही कारण है।

सांसारिक विषयों से हट कर अपने विवेक, मन व बुद्धि को साधन द्वारा भगवद-ज्ञान प्राप्त करना आध्यात्म है। जब योगी पुरुष आध्यात्म द्वारा स्वयं अंत:-सुखी और ब्रह्म-भाव अनुभव करने लगता है तब वह 'ब्रह्मभूत' अवस्था को प्राप्त करता है तथा वह ब्रह्म-निर्वाण की ओर अग्रसर होता है। ब्रह्म-भूत बन जाना ही सांख्य योग की परिपूर्णता है।

कर्म योग

इस संसार में भौतिक सुविधाओं के लिए हर प्राणी में होड़ लगी हुई है। यदि कोई किसी के पास आराम की वस्तु देखता है तो दूसरे का मन भी उस चीज़ को हासिल करने का करता है। यह मनुष्य का अहंकार है जो कि दूसरे को प्रेरित करता है। इस तरह मनुष्य की जरूरतें बढ़ती हैं और अन्तत: संसार का विकास होता है। इन सब के लिए मनुष्य को कर्म में लगना पड़ता है। इन्द्रियां, मन, अहंकार व बुद्धि की मदद से मनुष्य से कर्म कराती है, अर्थात किसी भी कर्म का कारण जो मनुष्य इस शरीर से करता है, वह अंधकार, मन बुद्धि व इन्द्रियां हैं। (वे कर्म जिन्हें ये पांच कारण नियंत्रित करते हैं, उनका शास्त्रों के अनुकूल या विपरीत होना, मनुष्य के संस्कार व सोच पर निर्भर करता है। यदि सोच व संस्कार अच्छे होंगे तो कर्म भी अच्छे होंगे।)

भगवान श्री कृष्ण कहते हैं कि- अकृत व अल्प बुद्धि की वजह से प्राणी आत्मा को ही कर्म करने वाला मान लेता है। (जबकि आत्मा का कर्मों से कोई संबंध नहीं क्योंकि आत्मा निर्विकार और अकर्ता है।) मनुष्य अल्प बुद्धि के कारण आत्मा का यथार्थ स्वरूप नहीं जान पाता।

श्री कृष्ण ने अर्जुन से कहा - हे अर्जुन तुम्हारा कर्तव्य-कर्म करने का ही अधिकार है, कर्मफल में कभी नहीं। तुम्हारी प्रवृत्ति कर्मफल की आशा में कर्म-त्याग की नहीं होनी चाहिये। (अर्थात किसी सही कार्य को यह सोचकर कि उसके करने से खुद को कोई लाभ होने वाला नहीं है, उस कार्य को छोड़ देने की प्रवृत्ति नहीं होनी चाहिये, क्योंकि वह कार्य जनहित व अन्य जीव आत्माओं को सुख प्रदान करने वाला होगा)

निष्काम भाव से किये गये काम का नाश नहीं होता अर्थात बेकार नहीं जाता। कर्म न करने का पाप भी नहीं लगता। यहां भगवान यह शिक्षा देते हैं कि मनुष्य को परोपकारी होना चाहिये। कोई भी परोपकारी कार्य उसके कर्मफल की आशा के बिना किया जाता है तो मनुष्य उस कार्य को निडर व

पूर्ण विश्वास से पूरा करता है जो उसे शांति देता है। यह शांति उसके सुखी जीवन का आधार बनती है।

भगवान ने कर्म को तीन अलग-अलग रूप - 1 कर्म 2 अकर्म व 3 विकर्म में समझाया है। कर्म की गति बहुत गहन होती हैं

किसी भी कार्य को करने व अपने विचारों को एक रूप देने की क्रिया को कर्म कहते हैं। कर्म किसी भी प्रकार का हो सकता है। कर्म किसी भी जीव व प्राणी के लिए व संसार के लिये अनुकूल या प्रतिकूल, अच्छा या बुरा हो सकता है। मनुष्य के लिये नुकसानदायक, गलत किया गया कार्य 'विकर्म' का रूप ले लेता है।

जब किसी कार्य को निष्काम भाव व समभाव से संसार लोक की सेवाभाव से किया जाता है, तब मनुष्य का उसके कर्मफल में कोई लोभ नहीं होता व सेवा भाव होता है। उस कर्म का करना या न करना उस मनुष्य के लिये कर्मफल के हिसाब से एक समान होता है अर्थात वह कर्म करते हुए भी कर्मफल के हिसाब से न करने के समान होता है और यह कर्म उसके लिये 'अकर्म' का रूप ले लेता है। कर्मयोगी के लिये त्याग की भावना होना जरूरी है। इसीलिये 'त्याग' कर्मयोग का मूलमंत्र है।

अत: कर्मफल में आसक्त न हो कर समभाव व निष्काम-भाव से समर्पित हो कर शास्त्रानुसार कर्म करना, कर्म को अकर्म के रूप में करना व प्राणी मात्र की धर्मानुसार सेवा करना कर्मयोग की निष्ठा है। बगैर कर्म किये कर्म-निष्ठा नहीं मिलती। ज्ञान निष्ठा के लिये भी कर्म तो करना ही पड़ता है। अर्थात बगैर कर्म किये तो ज्ञान निष्ठा भी नहीं मिलती और न ही सिद्ध होती है। कर्म का अर्थ है कर्तव्य-कर्म।

इसीलिये भगवान ने कर्मयोग को अधिक श्रेष्ठ, व्यवहारिक और आसान बताया है। हालांकि कर्म की अपेक्षा ज्ञान का होना अधिक अच्छा कहा है।

जब भगवान कृष्ण ने कहा कि कर्म की अपेक्षा ज्ञान का होना अच्छा है तो अर्जुन ने कहा कि फिर आप मुझे इस (युद्ध) कर्म में क्यों लगा रहे हैं?

इसके उत्तर में श्री कृष्ण ने अर्जुन से कहा-कि तुम शास्त्रों के अनुसार कर्तव्य-कर्म करो क्योंकि कर्म न करने से कर्म करना श्रेष्ठ है। कर्म किये बगैर इस शरीर को भी ठीक से नहीं रखा जा सकता।

हे अर्जुन! जो पुरुष प्राकृतिक गुणों से अनासक्त हो कर, इंद्रियों को मन से वश में करके समभाव व निष्काम भाव से कर्तव्य-कर्म करता है वही श्रेष्ठ है।

जो ज़बरदस्ती इंन्द्रियों को रोककर कर्मों का त्याग तो करते हैं लेकिन उन्हीं के बारे में सोचते रहते हैं, वे मिथ्याचारी व दम्भी कहलाते हैं।

श्री कृष्ण ने कहा - इन तीनों लोकों में मेरे लिये करने लायक कुछ भी नहीं है फिर भी कर्म करता रहता हूं।

भगवान कृष्ण ने गुण और कर्मों के हिसाब से मनुष्य जाति को चार वर्णों में विभाजित किया है-

1. क्षत्रिय 2. ब्राह्मण 3. वैश्य और 4. शूद्र

क्षत्रिय- तेज, दान, वीरता और युद्ध कार्यों के लिये है।

ब्राह्मण- शौच, ज्ञान, तप, क्षमा और धार्मिक कार्यों के लिये है। शौच का अर्थ है शरीर की आंतरिक व बाहरी शुद्धि। तप का अर्थ है इंद्रियों को संयत कर, मन व बुद्धि को एकाग्र कर ब्रह्म का ध्यान लगा कर समाधि की ओर बढ़ना।

वैश्य- धन, खेती व गौ-रक्षा संबंधी कार्यों के लिये है।

शूद्र- शूद्रों का कार्य सेवा करने का है।

संपूर्ण प्राणी अन्न से उत्पन्न होते हैं। अन्न की उत्पत्ति वृष्टि से होती है। वृष्टि यज्ञ से होती हैं यज्ञ अंततः कर्म से उत्पन्न होता है।

ज्ञान योग

इंन्द्रियां, मन और बुद्धि पर काम का असर अधिक डालती है। सुकर्म करने के लिये मन, बुद्धि और इन्द्रियों का संयत होना बहुत जरूरी है क्योंकि 'काम' इन तीनों की मदद से ज्ञान को इस तरह ढक देता है जैसे धुएं से अग्नि, मैल से शीशा और जेर से गर्भ ढक जाता है।

पर-धर्म चाहे कितना ही अच्छा हो, अपना धर्म अंत तक कभी नहीं छोड़ना चाहिये। अपने धर्म में मृत्यु भी कल्याणकारी है। पर-धर्म भय देने वाला व हानिकारक होता है।

श्री कृष्ण ने कहा कि मैंने इस ज्ञान को सूर्य से कहा था। सूर्य ने अपने पुत्र मनु से कहा। मनु ने अपने पुत्र इक्ष्वाक से कहा।

जो पुरुष समस्त कर्मों में, उनके फल से आसक्ति त्याग कर परमात्मा में लीन है व निराश्रय हो गये हैं, उनके कर्म, अकर्म समान हैं।

जो कर्म में अकर्म और अकर्म में कर्म देखता है, वह सब कर्मों को सही रूप से जानने वाला ज्ञानी है।

हे परंतप अर्जुन! भौतिक यज्ञ की अपेक्षा ज्ञान-यज्ञ अधिक श्रेष्ठ है। सब सुकर्म ब्रह्म-ज्ञान में लीन हो जाते हैं।

हे अर्जुन! जिस तरह प्रज्ज्वलित अग्नि लकड़ियों को भस्म कर डालती है, उसी तरह ज्ञान रूपी अग्नि ब्रह्म-ज्ञान पाने पर, सब बाकी कर्मों को भस्म कर देती है।

ज्ञान के समान पवित्र इस लोक में कुछ भी नहीं है। सिद्ध कर्मयोगी पुरुष इस ज्ञान को अपने कर्मयोग द्वारा पा लेते हैं व समय आने पर स्वयं उस ज्ञान का अनुभव करते हैं।

हे अर्जुन! जिन योगियों ने अपने को पूरी तरह से ईश्वर को सौंप दिया है, उनके आत्मज्ञान से सभी संशय दूर हो जाते हैं। उनके कर्म अकर्म का रूप ले लेते हैं तथा वे भगवान की शरण में चले जाते हैं।

हे अर्जुन! तुम्हें जो अज्ञान के कारण भ्रम हुआ है, उसे ज्ञान रूपी कृपाण से काट अलग कर दो और योग के बल से उठो और युद्ध करो।

कर्म-सन्यास योग

अर्जुन ने श्री कृष्ण से पूछा और कहा-कि हे कृष्ण! आपने मुझसे कर्म सन्यास के लिये कहा और फिर भक्तिपूर्ण कर्मयोग के लिये कह रहे हैं और योग की प्रंशसा कर रहे हैं। कृपया बतलायें कि दोनों में से कौन सा अधिक श्रेष्ठ व मंगलकारी है?

श्रीकृष्ण ने कहा कि मुक्ति के लिये दोनों ही कल्याणकारी है लेकिन निष्काम कर्मयोग अधिक श्रेष्ठ है। कर्मयोग की साधना भी आसान है। कर्मसन्यास का अर्थ कर्म का त्याग नहीं बल्कि कर्मफल का त्याग है। कर्मफल त्याग ही गीता की प्रधानता है।

योगी- निष्काम कर्म योगी वह है जो अविचिलित है जिसने इंद्रियों को संयत कर लिया है व योग द्वारा मन व बुद्धि को संतुलित कर लिया है। ऐसे कर्मयोगी कर्म करते हुए भी उसमें लिप्त नहीं होते। जिस तरह से कमल का पत्ता गंदगी में रहते हुए भी साफ़ रहता है वैसे ही कर्मयोगी संसार में रहते हुए भी सांसारिक चिंताओं से दूर रहते हैं।

जो योगी अंत:सुखी है उसकी आत्मा अंतसुख के कारण प्रकाशवान रहती है तथा वह ब्रह्म भाव का अनुभव करता है तथा ब्रह्म निर्वाण को प्राप्त करता है।

कर्मफल त्याग ही गीता का उपदेश है। इसीलिये कृष्ण ने अर्जुन को योगी (निष्काम कर्मयोगी) बनने को कहा। वह योगी ही अन्त:सुखी हो श्रेष्ठतम माना गया है।)

योग-(अष्टांग योग)

योगी को आसन पर बैठ कर एकाग्र मन से इंद्रियों को वश में कर, अपनी काया, सिर व गर्दन को एक सीध में रख कर अपनी नासिका के अग्रिम भाग पर दृष्टि जमा कर अन्तःकरण शुद्धि के लिये ईश्वर का बार बार ध्यान व योग अभ्यास करना चाहिये। इस क्रिया को योग कहते हैं।

अर्जुन ने पूछा - कि जो योग में श्रद्धा तो रखते हैं लेकिन उनका मन संयमी नहीं है व विचलित होता रहता है व चंचल है, वे किस गति को प्राप्त होते हैं?

इसके उत्तर में श्री कृष्ण ने कहा - कि ऐसे पुरुषों का, न तो इस लोक में और न ही परलोक में नाश होता है। ईश्वर प्राप्ति के कल्याणकारी कर्म करने वाला कभी दुर्गति को प्राप्त नहीं होता।

ऐसा मत है कि योगी तपस्वियों से, ज्ञानियों से, कर्मनिष्ठों से सभी से श्रेष्ठ होता है। इसलिये हे अर्जुन तुम योगी बनो।

योग के आठ भाग होते हैं। इसे अष्टांग योग भी कहते हैं-

1. यम-   अहिंसा, अस्तेय (किसी के हक को न छीनना) व अपरिग्रह
2. नियम- तप, संतोष, शौच व स्वाध्याय (शास्त्रों, वेदों का पढ़ना)
3. आसन- सुख आसन
4. प्राणायाम- पूरक, कुम्भक व रेचक
5. प्रत्याहार- इन्द्रियों को संयत रखना व अभ्यास करना
6. धारणा- किसी विषय वस्तु के बारे में विचार व राय बनाना
7. ध्यान- किसी विषय वस्तु के बारे में चिंतन करना
8. समाधि- किसी ध्यान में लगातार अधिक समय स्थायी रहना

कृष्ण ने कहा-जो श्रद्धापूर्वक मुझे भजते हैं, वे श्रेष्ठ योगी हैं।

भक्त

श्री कृष्ण ने कहा- हे अर्जुन! शुभ कर्म करने वाले चार प्रकार के भक्तजन मुझे भजते हैं-

1. आर्त- जो भक्तजन शारीरिक, मानसिक, भय, संताप के कारण मुझे भजते हैं, आर्त कहलाते हैं

2. अर्थाथी- जो भक्तजन भौतिक सुखों के लिए भगवान पर निर्भर रहकर श्रद्धा से भजते हैं, वे अर्थाथी भक्तजन कहलाते हैं।

3. जिज्ञासु - ज्ञान प्राप्ति की इच्छा वाले भक्त। जो भगवान के बारे में जानने की लालसा रखते हैं, वे जिज्ञासु कहलाते हैं।

4. ज्ञानी- जो ईश्वर की मौजूदगी को जानते हैं तथा उनमें श्रद्धा रखते हैं। जो कि परमात्मा को पूर्ण अध्यात्म रूप से समर्पित हो चुके हैं, वे ज्ञानी भक्तजन कहलाते हैं।

जो भक्त जिन जिन देवताओं को पूजना चाहते हैं मैं उन भक्तों के हृदय में उन देवताओं के प्रति श्रद्धा पैदा करता हूं। उन पूजित देवताओं से भक्तों को इष्ट फल मैं ही दिलवाता हूं। वे देवता मेरे ही द्वारा उत्पन्न हैं

अज्ञान वश जो मंद मति के लोग अन्य देवताओं को पूजते हैं वे उन्हें ही प्राप्त करते हैं। वे लोग अन्तःवतु कहलाते हैं। जो भक्त मुझे भजते हैं वे मुझे ही प्राप्त करते हैं और उनका पुनर्जन्म नहीं होता। (क्योंकि श्री कृष्ण ही परमेश्वर हैं और परमेश्वर ही अजन्में अनादि और मुक्त हैं। वे ही जीव को मुक्ति प्रदान कर सकते हैं)

यदि कोई दुराचारी भी मुझे सच्चे मन से भजता है, तो वह भी साधु मानने योग्य है क्योंकि वह दृढ़ संकल्प है।

जो भक्त मुझे पूर्ण रूप में समझते हैं और अन्त समय में भी मुझे याद करते हैं वे फलस्वरूप मुझे ही प्राप्त करते हैं।

अक्षर ब्रह्म योग

अर्जुन ने कृष्ण से अपने समाधान के लिये निम्न आठ प्रश्नों को पूछा -

1. ब्रह्म किस तरह हैं तथा ब्रह्म की क्या पहचान है?
2. आध्यात्म क्या है?
3. कर्म क्या है?
4. अधिभूत किसे कहते हैं?
5. अधिदेव कौन हैं?
6. अधियज्ञ कौन हैं?
7. इस शरीर में वे किस तरह मौज़ूद हैं?
8. आपको अंत समय में किस प्रकार जाना जा सकता है?

इनका उत्तर देते हुए कहा कि जो अक्षय है, जो कि इस संसार का आधार है व मूल कारण है, वही ब्रह्म हैं। वह निराकार है।

हर प्राणी के मन में उसके विचार, भाव (ख्याल) होते हैं जो कि उसके अंतर-मन को दर्शाते हैं। यही आत्मभाव उसकी सोच व उसके अध्यात्म को दर्शाता हैं अर्थात वही आत्मभाव आध्यात्म है।

भूतों (प्राणियों) के आंतरिक आत्म-भाव का उद्भव अर्थात आत्मभाव का प्रकट होना उनके किये गये त्याग से होता है। उस त्याग का नाम ही कर्म है अर्थात वह त्याग ही कर्म है। इस त्याग का कर्मयज्ञ में विसर्जन ही विसर्ग है। यज्ञ की क्रिया में द्रव्य आदि की जो आहुति दी जाती है (जिसको साधारणत: हवन में हवन सामग्री के रूप में दर्शाते हैं) उस त्याग का नाम ही कर्म है। इस त्याग का यज्ञ में विसर्जन ही विसर्ग है। अर्थात निष्काम उत्तम कार्य ही कर्म है।

श्री कृष्ण कहते हैं कि जो भक्तजन मुझे अधिभूत, अधिदेव और अधियज्ञ के रूप में जानते हैं वे मुझे ही प्राप्त करते हैं।

अधिभूत – अपरा प्रकृति के नाशवान तत्त्व अधिभूत कहलाते हैं। भौतिक अपरा प्रकृति में सभी नाशवान हैं जिसका आदि भी है और अंत भी है। जो चीज प्रकृति में आयी है उसका अंत भी निश्चित है।

इस परिवर्तनशील प्रकृति का कारण भगवान स्वयं ही हैं। इसलिये उन्हें अधिभूत कहा गया है।

अधिदेव– आदि चेतन पुरुष/चेतन आत्मा सब देवता जिनके अंश स्वरूप हैं अर्थात स्वयं ब्रह्म ही अधिदेव हैं।

अधियज्ञ–जो सब कर्मों के, यज्ञों के फल देने वाले हैं व सब में निवास करते हैं, उन्हीं परमेश्वर को अधियज्ञ कहा है।

अध्यात्म–अविनाशी ब्रह्म का आत्मभाव प्राप्त करना अध्यात्म कहलाता है।

ब्रह्म अविनाशी दिव्य व परम हैं। वे निर्गुण, निराकार परमात्मा हैं। वे श्रेष्ठ है। शरीर में उनकी मौजूदगी को महसूस करना अर्थात आत्म-भाव होना ही अध्यात्म है। वही आत्मभाव उस प्राणी के अध्यात्म को दर्शाता है जो क्रिया, जो त्याग, जो यज्ञ अंतरआत्मा के उत्तम विचारों को प्रकट करे जो कि सृष्टि के उत्थान का आधार है, उस त्याग को, उस क्रिया को ही कर्म कहा गया है। इस त्याग का (कर्म यज्ञ में) विसर्जन ही विसर्ग है।

अंत समय में जो जिस भाव से शरीर त्यागता है, वह उसी भाव में लगे रहने से उसी भाव को प्राप्त होता है। अंत समय में यदि प्राणी परमब्रह्म श्री कृष्ण/राम को याद करता है तो उन्हें ही प्राप्त होता हैं यदि वह सांसारिक विषयों में रहता है तो उसी प्रकार की गति प्राप्त होती है व पुनर्जन्म होता है।

जो ॐ अक्षर (जो कि ब्रह्म-स्वरूप है) का उच्चारण करता हुआ शरीर त्यागता है, तो परमगति को प्राप्त होता है (परमेश्वर श्री कृष्ण की निराकार ध्वनि ॐ है। अंत समय का किसी को नहीं मालूम, इसलिये परमेश्वर को सदा याद करते रहने का उपदेश दिया गया है।)

भू-लोक से स्वर्गलोक तक सभी बार बार जन्म पाते हैं, लेकिन हे अर्जुन। जो मुझे पा लेता है उसका पुनर्जन्म नहीं होता।

राज विद्याराज गुह्य योग

राज विद्या अर्थात ब्रह्म विद्या सभी विद्याओं से उत्तम व पवित्र है। भगवान की प्राप्ति का यह धार्मिक, फलप्रद और सरल तरीका है।

श्रीकृष्ण ने कहा - इस जगत में मैं निगुण, निराकार व अव्यक्त रूप में मौज़ूद रहता हूं। सभी प्राणी मेरी योगशक्ति से हैं। लेकिन मैं स्वयं उनमें लिप्त नहीं होता हूं। फिर भी इस सृष्टि का कारण मैं ही हूं।

श्री कृष्ण ने कहा-इस जगत का माता-पिता, औंकार ॐ, वेद मैं ही हूं। सब की उत्पत्ति, प्रलय का कारण व निदान करने वाला मैं ही हूं। मैं ही राम, अर्जुन, वेदव्यास, शुक्राचार्य, ज्हान्वी हूं। मैं ही सूर्य रूप में तपरा हूं, वृष्टि करता हूं। मैं ही अमृत हूं, मैं ही मृत्यु हूं। मैं ही सत्-असत हूं।

इसलिये हे अर्जुन। तुम मेरे भक्त बनों। मुझे प्रणाम करो। अपने मन को मुझ में लगाकर मेरी शरण आओगे तो मुझे ही प्राप्त करोगे।

विश्वरूप-दर्शन-योग

अर्जुन ने श्री कृष्ण से कहा - आप परम ब्रह्म, परमधाम और परम पवित्र हैं। आपको सभी देवता सनातन, अलौकिक, आदि देव, अजन्मा व सर्वव्यापी मानते हैं।

हे प्रभो! अगर आप समझते हैं कि मैं आपके असली रूप को देख सकता हूं तो मुझे अपना ईश्वरीय रूप दिखलाइये।

श्री कृष्ण ने कहा - तुम अपनी इन आंखों से नहीं देख सकते। मैं तुम्हें अलौकिक दिव्य दृष्टि देता हूं जिससे मेरी ईश्वरीय योग शक्ति और विश्वरूप को देखो।

अनेक मुख और नेत्रों वाले, दिव्य गहने पहने हुए, मुकुट पहने, गदा लिये हाथ में चक्र धारण किये, अपने तेज पुंज से सब ओर सूर्य की तरह चमकते हुए आपके इस कठिन रूप को देख रहा हूं।

सभी देवतागण आपमें प्रवेश कर रहे हैं। वे डरे हुए भी हैं। सभी महर्षि, देवता आपकी स्तुति कर रहे हैं।

सभी धृतराष्ट्र-पुत्र, द्रोणाचार्य, कर्ण, भीष्म और अन्य योद्धा अपने विनाश के लिये आपके मुख में इस तरह प्रवेश कर रहे हैं जैसे पतंगा वेग के साथ आग में घुस जाता है।

आप ही जानने योग्य परम अक्षर ब्रह्म हैं। आप ही परब्रह्म परमात्मा हैं जो कि जानने योग्य हैं। आप ही विश्व के एकमात्र आश्रय हैं व निदान करने वाले हैं। आप ही धर्म रक्षक, आप ही सनातन परमेश्वर हैं, ऐसा मेरा मानना है।

अर्जुन ने पूछा - आप इस उग्र विश्वधारी रूप में कौन हैं। हे देवाधिदेव आपको नमस्कार हो। आप प्रसन्न हों। मझे आपकी इस प्रवृत्ति व दिव्य रूप का ज्ञान नहीं है। इसलिये मैं आपके आदि स्वरूप को जानना चाहता हूं।

इस पर श्रीकृष्ण ने कहा - मैं काल हूं। लोक संहार के लिये भी आया हूं। तुम उठो और युद्ध करो। यह धर्मयुद्ध है इसे जीत कर यश प्राप्त करो।

अर्जुन ने कहा- आप पुरातन, आदिदेव सनातन जानने योग्य परम निदान हैं। आप परमधाम व ज्ञाता हैं। यह सम्पूर्ण जगत आपसे ही व्याप्त है व आप ही के कारण है।

आप वायु, यमराज, अग्नि, वरूण, चन्द्रमा, प्रजापति ब्रह्मा व उनके भी पिता हैं। आपको सहस्त्र बार नमस्कार हो। नमस्कार हो। पुन: आपको बार बार प्रणाम हो। नमस्कार हो।

अर्जुन ने श्री कृष्ण से कहा – आपके पहले न देखे इस रूप को देखकर मुझे बहुत खुशी हो रही है और डर भी लग रहा है। मन भी व्याकुल हो रहा है। इसलिये हे देवेश–आप प्रसन्न हों और अपना पहला चतुर्भुज रूप दिखलाइये।

अर्जुन ने कहा कि – मैं आपका मुकट लगाये, गदा और चक्र लिये हुए रूप को ही देखना चाहता हूं। इस रूप से आप अपने पहले रूप में ही आ जाइये।

श्री कृष्ण ने कहा – मैंने तुम्हें यह विश्वरूप तुम से प्रसन्न होकर दिखाया हैं मेरे इस रूप को तुमसे पहले किसी ने नहीं देखा। घोर तपस्या के बाद भी लोग मेरे इस रूप को नहीं देख सके हैं। तुम मेरा यह विश्वरूप देखकर भयभीत न हो। देवता लोग भी मेरे इस रूप को जिसे तुम देख रहे हो, देखने की इच्छा रखते हैं।

श्री कृष्ण ने कहा – मेरे इस रूप को देख कर मूढ़ भाव न लाओ और न ही अधीर हो। अपने मन से डर निकाल कर प्रेम भाव से मेरे इस विश्वरूप को पुन: देखो। उसके बाद फिर पहले रूप को देखो।

भक्ति योग

अर्जुन ने पूछा-जो भक्तजन एक निष्ठ हो कर आपकी सगुण उपासना करते हैं और जो अव्यक्त अक्षर ब्रह्म की निर्गुण उपासना करते हैं, उन दोनों में कौन श्रेष्ठ है?

श्री कृष्ण ने कहा – जो एकाग्र मन से श्रद्धापूर्वक मेरी सगुण उपासना करते हैं, वे श्रेष्ठ योगी हैं। निर्गुण उपासक भी मुझे ही प्राप्त करते हैं।

निर्गुण उपासना अधिक मुश्किल होती है। देहधारी मनुष्यों के लिए देह व इन्द्रियों को नियंत्रित करने में अधिक कठिनाई होती है। इसलिये शरीर, मन व वाणी से सगुण ब्रह्मोपासना करना आसान व श्रेष्ठ है।

श्री कृष्ण ने कहा – जो मुझ में समर्पित हो कर मेरी पूजा करते हैं, उनका इस जन्म-मृत्यु भय संसार से उद्धार करने वाला मैं ही हूं।

तुम मुझमें मन और बुद्धि को पूरी तरह से समर्पित करो और मेरे भक्त बनो। ऐसा करने से शरीर छोड़ने पर मुझे ही प्राप्त करोगे। इसमें कोई संशय नहीं है।

हे अर्जुन! तुम अपने मन को अगर मेरी तरफ स्थिर नहीं रख सकते हो तो अभ्यास-योग से मुझे पाने की कोशिश करो। यदि अभ्यास योग करना संभव न हो तो मेरे लिए कर्म-निष्ठ हो जाओ और धार्मिक कर्म करो। अगर यह भी न हो सके तो यत-आत्मवान बन (इंद्रियों को संयत कर) योग का मेरे आश्रय आ कर सब कर्मफलों को मेरे को अर्पण कर दो। इस तरह कर्मफलों से अनासक्त और मुक्त हो जाओ।

किसी भी कर्म के नतीजे व मर्म को न जान कर (मशीन की तरह) किये हुए अभ्यास से ज्ञान श्रेष्ठ है। ज्ञान से ज्यादा मुझ परमेश्वर का ध्यान श्रेष्ठ है।

ध्यान से भी अधिक कर्मफल-त्याग श्रेष्ठ है। कर्मफल त्याग से ही शांति व मुक्ति मिलती है। कर्मफल-त्याग ही श्रेष्ठतम है। कर्मफल-त्याग ही गीता का आधार भी है।

जो न द्वेष करता है, न हर्ष या शोक करता है, हर कर्मफल को चाहे शुभ या अशुभ हो त्याग चुका है व समभाव से रहता है, वह भक्त मुझे अति प्रिय है।

पुरुषोत्तम योग

श्री कृष्ण ने कहा-यह संसार अश्वत्थ (पीपल) वृक्ष की तरह है। जिसका मूल ऊपर ऊर्ध्व की तरफ ब्रह्म की ओर है। जिसकी शाखाएं नीचे ब्रह्माण्ड की ओर व त्रिगुणी हैं। वेद, पुराण पत्तों की तरह हैं। जिस तरह पीपल के पत्ते छांह देते हैं, उसी तरह शास्त्र अध्ययन शांति प्रदान करते हैं।

इस संसार में दो प्रकार के जीव हैं – 1. विनाशशील 2. अविनाशी

इस संसार में सभी भौतिक पदार्थ व जीव क्षर हैं। आध्यात्मिक जगत की कूटस्थ आत्मा अक्षर है (जो कि ईश्वर की माया शक्ति है। वह सनातन है व जीवों की उत्पत्ति का कारण है।)

क्षर व अक्षर से भी परे, वह उत्तम महान आत्मा है, जिसे परमात्मा कहते हैं जो कि तीनों लोकों में समाये रह कर सबका पालन-पोषण करते हैं।

श्री कृष्ण कहते हैं कि मैं क्षर व अक्षर से भी अतीत, उत्तम व श्रेष्ठतम हूं। इसलिये सब लोकों में व वेदों में, मैं पुरुषोत्तम के नाम से जाना जाता हूं।

देव-असुर सम्पदा

श्री कृष्ण ने कहा - हे पार्थ! स्वभाव के अनुसार इस जगत के प्राणियों को दो प्रकार की सम्पदाओं में बांटा हुआ है -

1. दैवी सम्पदा   2. आसुरी सम्पदा

दैवी सम्पदा (लक्षण) अभय होना, अन्त:करण व चित्त की शुद्धता, तत्त्व-ज्ञान के लिये निष्ठा होना, इन्द्रियों का संयमी होना, तप व वेदों का पाठ, अहिंसा, सत्य, क्रोध-त्याग, चित्त की शांति, मृदुता, चपलता का न होना, तेज, क्षमा, धैर्य, शारीरिक व मानसिक पवित्रता, अहंकार का न होना।

आसुरी संपदा (लक्षण)-अहंकार, पाखण्ड, क्रोध, निष्ठुरता, अज्ञानता। असुर धर्म से मोह और अधर्म से निवृत्ति नहीं जानते। असुर ईश्वर को नहीं मानते। मनुष्य की उत्पत्ति को केवल पुरुष और स्त्री के संयोग को ही समझते हैं।

शास्त्र विधि छोड़ इच्छानुसार गलत तरीके से कर्म कर सिद्धि, सुख नहीं प्राप्त कर सकते।

हे अर्जुन! वेद और शास्त्रों से ही मालूम होता है कि क्या कर्तव्य है। वेद और शास्त्र ही प्रमाण है। तुम शास्त्र विधि से कर्म करने योग्य हो।

श्रद्धात्रय विभाग योग

अर्जुन ने पूछा-जो लोग शास्त्र विधि को त्यागते हुए अथवा शास्त्र विधि का ज्ञान न होते हुए भी पूरी श्रद्धा व निष्ठा से पूजा करते है, उनकी निष्ठा कैसी होती है?

श्री कृष्ण ने उत्तर दिया कि - मनुष्य में तीन तरह की निष्ठा अपने अंत:करण के स्वभाव के अनुसार होती है

1. सात्विक   2. राजसिक   3. तामसिक

मनुष्य के संस्कार ही अपने हिसाब से उसे कार्य करने के लिये व श्रद्धा रखने के लिये बाध्य करते हैं। जिसके मन में जो संस्कार प्रबल हैं, उस के अनुसार उसमें श्रद्धा होती है।

निष्काम कर्मफल रहित विधि अनुसार किया गया यज्ञ सात्विक कहलाता है। तप तीन प्रकार का होता है -

1. शारीरिक तप – देवता, आचार्य की पूजा, शरीर की पवित्रता, सरलता और अहिंसा शारीरिक तप है।

2. वाणी तप – अप्रिय, अहितक, द्वेषपूर्ण वाणी से दूर रहना, वेदों का व भक्ति उच्चारण वाणी तप है।

3. अन्त: तप – निष्कपटता, शांत स्वभाव, वाक्य संयम तथा प्रसन्नता अन्त: तप कहलाता है।

ॐ-तत्-सत्

शास्त्रों में ब्रह्म को 'ॐ-तत्-सत्'' इन तीन शब्दों से नाम दिया गया है। इन्हीं से सृष्टि के आदिकाल में वेद और यज्ञ की रचना ईश्वर द्वारा बताई गई है।

इसीलिये हर अनुष्ठान व कार्य जैसे, यज्ञ, तप, दान आदि क्रिया का आरंभ 'ॐ' बोल कर अथवा लिख कर किया जाता है।

'ॐ-तत्-सत्' अन्त:करण को शुद्ध करने वाले ब्रह्म-वाचक (परमेश्वर के नाम) शब्द हैं। ये तथा इनका उच्चारण व्यक्ति की निष्ठा और परमेश्वर के प्रति प्रीत भाव को दर्शाते हैं।

ॐ, तत् सत् तीनों शब्द एक साथ व अलग अलग भी ब्रह्म वाचक शब्द हैं। 'ॐ' वैदिक मंत्र भी है इसीलिये 'ॐ' का उच्चारण यज्ञ आदि में भी किया जाता है। 'ॐ' शब्द परमेश्वर को दर्शाता है अर्थात कृष्ण और राम को दर्शाता है।

कृष्ण व राम की निराकार ध्वनि 'ॐ' है जो कि हरे-कृष्ण व हरे-राम के उच्चारण में विद्यमान रहती है।

इसीलिये–

हरे कृष्ण, हरे कृष्ण, कृष्ण, कृष्ण हरे हरे।

हरे राम, हरे राम, राम, राम, हरे, हरे।।

यह एक महामंत्र कहा गया है।

दान

किसी ज़रूरतमंद सुपात्र को सच्चे मन से कल्याण के लिये दिया गया दान सात्त्विक दान कहलाता है।

लेकिन यदि कोई दान किसी सुपात्र को लोभ, फल की आशा से व गलत मन के साथ दिया गया हो तो वह दान राजसिक दान कहलाता है।

यदि कोई दान बिना सुपात्र व जरूरत देखे व अवहेलना से ज़बरदस्ती कार्य निबटाने के लिये दिया गया हो तो वह तामसी दान कहलाता है।

त्याग व सन्यास

अर्जुन ने पूछा – हे महाशक्ति कृष्ण! मैं त्याग और सन्यास के भेद व ज्ञान को अलग अलग रूप से जानना चाहता हूं।

त्याग – श्री कृष्ण ने कहा – शास्त्रों में गुणों के अनुसार त्याग तीन प्रकार का कहा गया है।

1. सात्विक   2. राजसिक   3. तामसिक

नियत कर्म (यज्ञ, दान, तप, व्यापार, खान-पान, शारीरिक व मन की शुद्धि) का त्याग उचित नहीं है क्योंकि ये कर्म मन की शांति के लिये किये जाते हैं। मोहवश नित्य कर्म का त्याग तामसिक होता है यह सोच कर कि किसी कर्म को करने में कष्ट होगा, त्याग देना गलत है व राजसिक त्याग कहलाता है।

किसी भी शरीर धारी के लिये नित्य-कर्म का त्याग करना संभव नहीं है। इसलिये जो प्राणी निष्ठा पूर्वक निष्काम भाव से कर्म करते हुए कर्मफल के त्यागी हैं, वे ही असली त्यागी हैं। उनका त्याग सात्विक त्याग कहलाता है।

श्री कृष्ण ने कहा-यज्ञ, दान, तप और सेवा भाव से किया गया कर्म जिसके कर्मफल में कोई आसक्ति न हो उत्तम होता है। ऐसा कर्म करने वाला ही सच्चा त्यागी है यही मेरा उत्तम मत है।

कर्म करने के पांच कारण हैं जो कि मनुष्य को कर्म करने में लिप्त करते है।

1. शरीर   2. इंद्रियां 3. मन   4. बुद्धि 5. अहंकार

इन पांच कारणों की वजह से कर्म की उपज होती है और मनुष्य कर्म करता है यदि संस्कार व सोच अच्छी होगी तो कर्म भी अच्छे होंगे।

कुछ लोग अल्प बुद्धि के कारण आत्मा को कर्म करने वाला अर्थात कर्ता

मान लेते हैं जबकि आत्मा तो अकर्ता है। आत्मा खुद लिप्त नहीं होती। कर्म तो स्वयं जीव को ही करना पड़ता है।

सन्यास-

ज्ञान प्राप्ति के लिये कठोर तप की जरूरत होती है। उसके लिये काम्य-कर्म जिनके द्वारा हम अपनी भौतिक इच्छाओं की पूर्ति करते हैं, उनका भी त्याग करना पड़ता है। इस तरह मनुष्य इस संसार से विरक्त हो जाता है, इस प्रकार के त्याग को सन्यास कहते हैं।

ज्ञान ज्ञेय ज्ञाता

किसी भी कार्य को करने के लिये उसके बारे में पूरी जानकारी होना जरूरी है। जो मनुष्य जानकारी रखता है, वह ज्ञाता कहलाता है। जिस विषय में कार्य करना व जानकारी रखनी है वह ज्ञेय कहलाता है। विषय के बारे में जानकारी का होना ज्ञान कहलाता है। जब तक ज्ञाता को ज्ञान और ज्ञेय के बारे में न मालूम हो, वह कोई कार्य नहीं कर सकता।

ज्ञान, ज्ञेय और ज्ञाता, ये तीनों कर्म करने के लिये प्रेरणा स्रोत हैं।

ज्ञान, कर्म और कर्ता त्रिगुणी होते हैं। जिस ज्ञान से सभी प्राणियों को समभाव से देखा जाये वह सात्त्विक ज्ञान है।

कर्म, कर्ता व कारण (इन्द्रियां, मन व बुद्धि) ये तीन तरह के कर्म संग्रह हैं।

शास्त्र विधि से बिना राग, द्वेष और कर्मफल इच्छा से किया गया कार्य सात्त्विक कर्म कहलाता है।

जो बिना कर्मफल की आशा के, बिना अभिमान, सिद्धि-असिद्धि व धैर्य व उत्साह से कर्म करता है, वह सात्त्विक कर्म-कर्ता कहलाता है।

जो बुद्धि प्रवृत्ति और निवृत्ति, कर्तव्य और अकर्तव्य, भय और अभय, बन्धन और मोक्ष के भेद को समझती है, वह सात्त्विक बुद्धि है।

जो बुद्धि धर्म, अधर्म, कर्तव्य, कर्तव्य कार्य और अकार्य में फर्क नहीं कर सकती, वह राजसिक बुद्धि है।

जो बुद्धि अधर्म को धर्म और धर्म को अधर्म मानती है, वह तामसिक बुद्धि है।

हे पार्थ! जिस धैर्य व धृति से, ध्यान-योग से अपने मन व इंद्रियों को वश

में रखने की शक्ति पैदा होती है जिससे परमात्मा को जाना जा सके वह सात्त्विक धृति कहलाती है।

धृति-किसी भी क्रिया, भाव या धारणा को दृढ़ता पूर्वक स्थिर रखने व विचलित न होने देने की आंतरिक शक्ति को धृति कहते हैं।

ब्रह्म-भाव के आने पर प्रसन्नचित्त योगी न कोई इच्छा रखता है, न ही कोई शोक करता है। ऐसे योगी समदर्शी होते हैं। ऐसे साधक मुझे तत्त्व से ज्ञान लेते हैं। परा भक्ति से प्राप्त ज्ञान परमात्मा का दर्शन कराता है।

शरणागति

श्री कृष्ण ने कहा – कि मेरा आश्रय लेकर मेरी शरण आया हुआ साधक कर्मयोगी है। शरणागति सबसे श्रेष्ठ है। शरणागत भक्त की परमेश्वर हमेशा रक्षा करते हैं।

कृष्ण ने अर्जुन से कहा – मुझमें चित्त लगाने पर मेरी कृपा से सभी दुखों को पार कर जाओगे। अगर अहंकार वश मेरी बात न मानोगे तो विनाश को प्राप्त होगे।

हे अर्जुन! यदि तुम अहंकार वश यह सोच रहे हो कि युद्ध नहीं करोगे, तो यह गलत है क्योंकि तुम्हारा क्षत्रिय स्वभाव प्राकृतिक रूप से तुम्हें युद्ध में लगा देगा और तुमसे युद्ध करायेगा।

हे अर्जुन! तुम पूर्ण रूप से सभी तरह से परमेश्वर की शरण आ जाओ तब उनके प्रसाद से परम धाम व शांति प्राप्त कर सकोगे।

हे अर्जुन! मैंने तुमसे यह अति गहन और गोपनीय तत्त्वज्ञान कहा है, इस ज्ञान के बारे में विचार कर जैसा भी तुम चाहो करो।

हे अर्जुन! तुम मुझ में मन लगाओ। मेरी शरण आओ। मेरे भक्त बनो। मेरी पूजा करो। मुझे प्रणाम, नमस्कार करो। ऐसा करने से मुझे ही प्राप्त करोगे।

मैं यह सत्य प्रतिज्ञा करके कहता हूं क्योंकि तुम मुझे अति प्रिय हो।

हे अर्जुन! तुम सब धर्मों को छोड़ कर मेरी शरण में आ जाओ। मैं तुम्हें सब पापों से मुक्त कर दूंगा। तुम शोक व चिंता मत करो।

शरणागति सबसे श्रेष्ठ योग है। शरणागत भक्त की परमेश्वर हर हाल में रक्षा करते हैं।

यह भगवान श्री कृष्ण का अर्जुन को गीता में अंतिम उपदेश है, जो कि अर्जुन के माध्यम से सभी मानव जाति को दिया है।

उपसंहार

श्री कृष्ण ने कहा - जो पुरुष धर्म-मय हमारे संवाद-रूप गीता-शास्त्र को पढ़ेगा और उससे जो ज्ञान मिलेगा, उस ज्ञान रूपी यज्ञ से मैं पूजित हो जाऊंगा। ऐसा मेरा मानना है।

अर्जुन ने श्री कृष्ण से कहा - हे कृष्ण! आपकी कृपा से मेरा अज्ञान व मोह नष्ट हो गया है मैंने आत्म संबंधी व कर्तव्य-कर्म संबंधी ज्ञान पा लिया है, मेरा संशय दूर हो गया है। मेरा मन स्थिर हो गया है। अब मैं आपके उपदेश का पालन करूंगा।

संजय ने धृतराष्ट्र से कहा - जहां योगेश्वर कृष्ण है और जहां पार्थ गाण्डीव धारी अर्जुन हैं, वहां श्री (सम्पन्नता) विजय, विभूति, वैभव व अचल नीति है ऐसा मेरा मानना है, वहां विजय निश्चित है।

यह संजय की धृतराष्ट को एक तरह से चेतावनी भी थी, कि अभी भी समय है, इस युद्ध को न होने दो।

श्री वेदव्यास रचित श्री भग्गवद गीता समाप्त।

■■■

Milton Keynes UK
Ingram Content Group UK Ltd.
UKHW030343240824
447344UK00001BA/134

9 789351 654483